AF263491

UNION DES FEMMES DE FRANCE

RECONNUE D'UTILITÉ PUBLIQUE

SÉANCE SOLENNELLE D'OUVERTURE

DES COURS ET CONFÉRENCES

Le 21 Novembre 1888

CONFÉRENCE

SUR L'HOPITAL-LAZARET

DES DAMES DE LA CROIX-ROUGE

A SAINT-PÉTERSBOURG

PAR

M. LE DOCTEUR DUJARDIN-BEAUMETZ

MÉDECIN DE L'HOPITAL COCHIN

MEMBRE DE L'ACADÉMIE DE MÉDECINE

SIÈGE SOCIAL

PARIS

29, rue de la Chaussée-d'Antin, 29

UNION DES FEMMES DE FRANCE

RECONNUE D'UTILITÉ PUBLIQUE

SÉANCE SOLENNELLE D'OUVERTURE
DES COURS ET CONFÉRENCES
Le 21 Novembre 1888

CONFÉRENCE
SUR L'HOPITAL-LAZARET
DES DAMES DE LA CROIX-ROUGE
A SAINT-PÉTERSBOURG

PAR

M. LE DOCTEUR DUJARDIN-BEAUMETZ
MÉDECIN DE L'HÔPITAL COCHIN

MEMBRE DE L'ACADÉMIE DE MÉDECINE

SIÈGE SOCIAL
PARIS
29, rue de la Chaussée-d'Antin, 29

UNION DES FEMMES DE FRANCE

CONFÉRENCE

SUR L'HOPITAL-LAZARET

DES DAMES DE LA CROIX-ROUGE

A SAINT-PÉTERSBOURG

Dans un récent voyage que je viens de faire, j'ai pu apprécier de visu l'organisation de la Société russe de la Croix-Rouge et particulièrement celle de l'hôpital-baraque modèle que les Dames de cette Société ont fondé à Saint-Pétersbourg.

Votre Présidente, qui met au service de l'Œuvre qu'elle dirige tant de dévouement et d'activité, à laquelle je communiquais mes impressions, a pensé qu'il était utile de vous faire connaître les points les plus importants de notre entretien, et c'est pour satisfaire à son désir que j'ai l'honneur de faire devant vous cette courte conférence.

C'est en 1871 que s'est fondé, sous le patronage de l'impératrice défunte, Marie-Alexandrowna, le Comité du Lazaret des Dames de Saint-Pétersbourg, appartenant à la Société russe de la Croix-Rouge. Aujourd'hui, c'est sous la haute protection de S. M. l'Impératrice de toutes les Russies que fonctionne ce Comité et, pour montrer tout l'intérêt que l'empereur Alexandre III porte à cette création, il me suffira de dire que récemment il a fait un don de 300,000 roubles (1,200,000 fr.) à ce Comité, en mémoire de S. M. l'Impératrice défunte, sa mère.

Ce Comité décida que l'on créerait un lazaret pour y recevoir des malades et qu'une école de femmes aide-chirurgiens serait annexée à cet hôpital. Le docteur Berthenson fut chargé de la direction de l'hôpital qu'on allait créer, et c'est sur ses indications que l'architecte Nabokoff construisit, en 1871, les deux premières baraques qui servirent de base à cet hôpital-lazaret. Puis, peu à peu, grâce à la générosité des donateurs, aux deux premières baraques vinrent s'en joindre cinq autres, de telle sorte qu'aujourd'hui cet hôpital comprend sept baraques : l'une est destinée aux maladies aiguës, une autre aux malades atteints de fièvre typhoïde ; la troisième aux maladies des femmes ; la quatrième à la gynécologie ; la cinquième renferme un service d'accouchement ; la sixième sert à la chirurgie et la septième permet d'isoler les malades dans le cas d'affections contagieuses.

Ces sept baraques sont complétées par un bâtiment qui renferme , outre l'administration et les différents cabinets de consultation, une école de femmes aides-chirurgiens. Je veux examiner ici devant vous et séparément ces deux questions, celle des hôpitaux-baraques d'une part et celle de l'école d'infirmières de l'autre.

On sait avec quel art les Russes travaillent le bois pour leurs constructions et tout le monde a pu voir dans nos diverses expositions universelles et en particulier celle de 1867 , les constructions élégantes que les ouvriers russes y avaient élevées. Si l'on ajoute qu'ils ont le bois à bon marché, grâce aux immenses forêts qui couvrent le sol de la Russie, on comprend qu'ils furent les premiers à conseiller l'emploi du bois pour la construction de leurs hôpitaux.

C'est un célèbre chirurgien russe, Pirogoff, qui l'un des premiers a montré tous les avantages que l'on pouvait tirer de ces constructions en bois comme établissements hospitaliers. Pour lui, ces constructions devaient être passagères et tous les dix ans on devait les brûler.

En 1872, Berthenson mit en pratique les préceptes de Pirogoff en construisant l'hôpital-lazaret des Dames de la Croix-Rouge. Seulement, le soin qu'il mit à faire ces constructions permit d'en faire des établissements définitifs et ces baraques construites depuis seize ans sont, comme j'ai pu le voir, encore en parfait état et destinées encore à un long usage.

Comme vous pouvez en juger par le dessin que je mets sous

vos yeux (voir figure 1), ces baraques sont des plus élégantes et leur ensemble satisferait l'œil d'un artiste consommé.

Fig. 1.

Chaque baraque, comme vous pouvez le voir, est placée sur des fondations en briques qui l'élèvent à 1 ^{m} 50 au-dessus du sol et un escalier de douze marches y donne accès. La longueur totale de chaque baraque est de 26 mètres, la largeur de 8 mètres et la hauteur de 5 mètres. Quand on pénètre dans cette baraque, on entre d'abord dans un couloir où s'ouvrent différentes pièces occupées par l'office, la salle des bains du côté droit et à gauche par une chambre d'isolement et une salle où se tient la sœur de charité. Comme je vous le dirai tout à l'heure, cette sœur de charité est une laïque.

Puis on pénètre dans la chambre destinée aux malades. Cinq fenêtres placées de chaque côté éclairent cette chambre qui renferme seize lits ; elle mesure 14 mètres de longueur et 7 mètres de largeur. Un des côtés de la salle donne sur une véranda constituant une terrasse couverte où les malades peuvent se promener pendant l'été et l'on peut même y transporter les malades sur des lits pour y passer la journée.

Lorsqu'on a traversé toute la salle de malades, on trouve un nouveau couloir aboutissant à une antichambre et à un escalier de service. Des deux côtés de cette antichambre se trouvent le lavabo et les cabinets d'aisance.

Cette baraque est en bois de pin et les parois sont constitués par trois cloisons parallèles emprisonnant deux couches d'air, mais Berthenson reconnaît que deux cloisons sont suffisantes. Bien entendu, comme dans toutes les maisons russes, les fenêtres sont doubles et pendant l'hiver elles sont hermétiquement closes.

Mais la ventilation est largement faite par une lanterne occupant toute la longueur de la salle des malades et ayant une étendue de $21^{m}50$, une largeur de $2^{m}15$ et une hauteur de $1^{m}40$. Les parois de cette lanterne sont occupés par des vasistas que l'on peut faire manœuvrer facilement.

Mais, ce qui complète ce système de ventilation, ce sont les poêles. Ces poêles, dans les baraques récentes, sont placés dans les parois mêmes de la salle ; dans les anciennes constructions, ils en occupaient le centre, ce qui gênait le service et diminuait la clarté de la salle. Ces poêles sont de véritables monuments qui permettent de maintenir une température constante dans ces salles.

Ces poêles, grâce à des tubes d'appel placés sous la salle, amènent de l'air chaud dans l'intérieur de la pièce et l'air des salles est enlevé par des bouches d'aspiration qui conduisent cet air dans le poêle lui-même.

Le docteur Berthenson a montré ce fait important, c'est que quand les poêles sont allumés et maintiennent une température constante dans la salle de 15°, alors que dehors il y a 15° de froid, l'ouverture des vasistas situés à la partie supérieure de la salle ne modifie la température intérieure que d'une façon très faible, de telle sorte qu'elle ne baisse que d'un degré en une heure.

Toutes les salles sont peintes en blanc et avec une couleur très vernissée, ce qui donne beaucoup de lumière et de gaîté. On pourra d'ailleurs bien juger de la clarté de la salle en jetant un coup d'œil sur les photographies que je fais passer sous vos yeux.

Cet hôpital est tenu avec une extrême propreté et les lois de l'antisepsie y sont rigoureusement appliquées, surtout en ce qui concerne les services de chirurgie, de gynécologie et d'accouchement. Comme dans la plupart des hôpitaux russes, les pansements ne se font jamais dans les salles ; le malade est transporté dans une pièce spéciale, dite salle à pansements, et là, placé sur des petites tables mobiles qui permettent d'isoler les différents segments du corps, on procède aux pansements. Cette salle, dont le parquet est rendu imperméable, est munie de robinets auxquels s'adaptent des tubes d'arrosage et, après chaque séance de pansement, tous les parois de cette chambre, plancher, murs, plafond, sont lavés à grande eau et avec des éponges trempées dans des solutions d'acide phénique ou de sublimé on lave tous ces parois.

Pour bien vous montrer la valeur et l'importance de ces soins hygiéniques, permettez-moi de vous citer ici deux chiffres : ceux de la mortalité par la fièvre typhoïde et ceux de la mortalité des femmes en couches. Ce sont les deux maladies où les soins hygiéniques jouent peut-être le plus grand rôle.

J'insisterai surtout sur le chiffre de la mortalité par la fièvre typhoïde. Dans un récent rapport fort intéressant fait au Comité consultatif d'hygiène par le professeur Brouardel, on voit que cette maladie fait dans les rangs de l'armée des ravages considérables. Vous pouvez en juger par les chiffres suivants que je puise dans ce rapport :

De 1872 à 1884, en douze ans, il y a 150,319 hommes atteints de fièvre typhoïde dans l'armée française et 17,642 ont succombé, ce qui fait une mortalité de 11,3 pour 100. On peut dire que, pour la France, la fièvre typhoïde fait une moisson annuelle de 20,000 personnes dans la population civile et de 1,300 dans l'armée ; c'est un chiffre considérable.

Dans la thèse d'un de mes élèves, le docteur Loris Mélikoff, thèse faite sous mon inspiration et dans laquelle est étudiée l'organisation des hôpitaux-baraques, on trouve des tableaux statistiques qui donnent la mortalité comparée des hôpitaux de Paris et de ceux de Saint-Pétersbourg. A Paris, de 1882 à 1888, les hôpitaux ont reçu 22,049 individus atteints de fièvre typhoïde ; il en est mort 3,458, la mortalité a donc été de 15,6 pour 100. A l'hôpital-baraque Alexandre, dont je vous parlerai tout à l'heure, on a reçu pendant le même laps de temps 3,823 malades atteints de fièvre typhoïde ; il en est mort 245, la mortalité a donc été ici de 6,4 pour 100. Mais, cette mortalité est encore plus faible à l'hôpital-baraque des Dames de la Croix-Rouge, car elle n'est que de 3,25 pour 100.

Pour les femmes en couches, on peut dire que la mortalité est à peu près nulle, puisqu'elle n'est que de 0,5 pour 100.

L'hôpital-lazaret des Dames de la Croix-Rouge a reçu en 1887 1,413 malades, dont 257 femmes enceintes, et il n'y a eu que 94 décès, soit 8,13 pour 100, chiffre de mortalité extraordinairement bas.

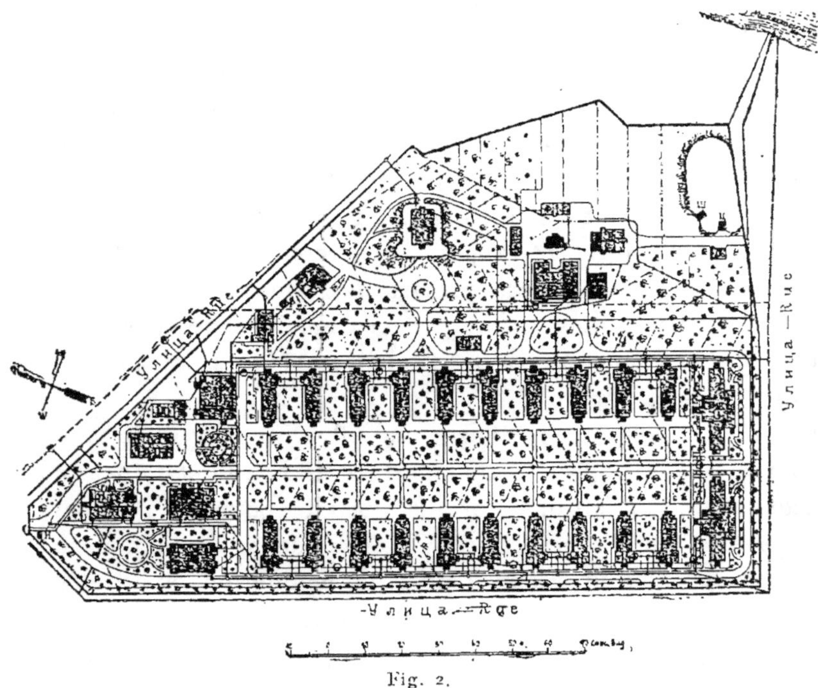

Fig. 2.

PLAN DE L'HÔPITAL-BARAQUE ALEXANDRE.

A, pharmacie ; B, maison des gardiens ; E, baraques pour les malades ; M, buanderie ; O, ferme ; C, maison des sœurs.

Il me reste maintenant à dire quelques mots du fonctionnement de cet hôpital ; mais, avant d'aller plus loin, il me paraît nécessaire de vous parler de la nécessité de ces baraques au point de vue hospitalier. C'est en 1871, comme je l'ai déjà dit, et pour cet hôpital des Dames de la Croix-Rouge, que furent construites en Russie les deux premières baraques destinées aux malades. En présence des avantages obtenus par ce système, on le généralisa. La Communauté de Saint-Georges de Saint-Pétersbourg, fondation particulière, suivit l'exemple des Dames de la Croix-Rouge ; puis la municipalité elle-même, sous l'influence d'un des hommes dont s'enorgueillit le plus la médecine russe, le professeur Botkine, construisit à son tour un hôpital-baraque, véritable modèle du genre, et sur lequel vous me permettrez de vous fournir quelques indications.

Commencé en 1880 sur les plans de l'architecte Sokoloff, cet hôpital fut ouvert le 17 avril 1882. Comme on peut le voir par ce plan (voir fig. 2), il est essentiellement composé de 22 baraques dont 20 sont affectées aux maldes et 2 aux convalescents. Des bâtiments servant à l'administration, d'autres à la désinfection, des laboratoires, une cuisine, une vacherie complètent l'ensemble de cet hôpital qui reçoit 250 malades.

Tous les pavillons sont identiques et reproduisent la disposition que je vous ai signalée à propos de l'hôpital-lazaret des Dames de la Croix-Rouge ; mais chacun ne renferme que 12 lits (voir figures 3, 4, 5, 6). Sauf toutefois les baraques situées au fond de l'hôpital destinées aux convalescents, qui sont com-

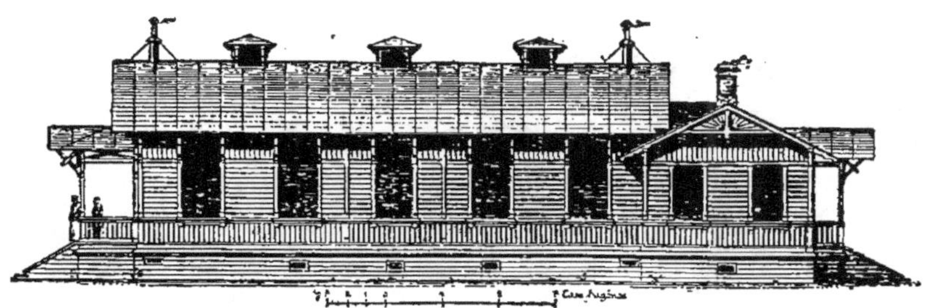

Fig. 3.

BARAQUE DES MALADES.

Fig. 4.

COUPE VERTICALE DE LA
BARAQUE DES MALADES

Fig. 5.

FAÇADE DE LA BARAQUE
DES MALADES.

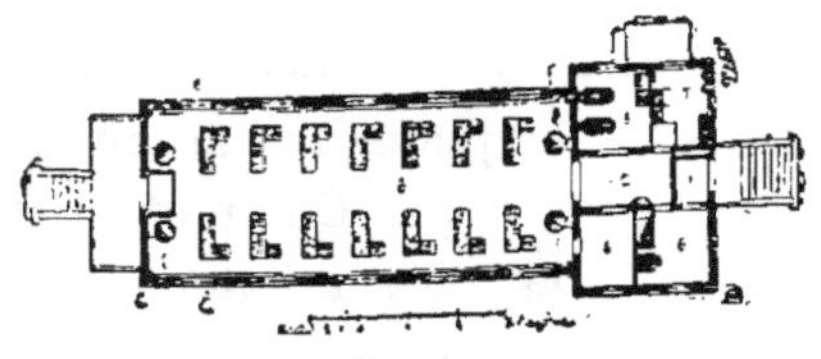

Fig. 6.

PLAN DE LA BARAQUE DES MALADES.

posées de deux salles s'ouvrant dans une pièce commune, la
salle à manger, chacune de ces salles renfermant quinze lits
(voir figures 7, 8, 9, 10).

Un des côtés de l'hôpital est destiné aux hommes, l'autre aux
femmes. Chaque baraque reçoit des malades spéciaux : l'un est
destiné à la fièvre typhoïde, l'autre aux affections aiguës des
poumons, etc.

La désinfection y est pratiquée sous les ordres d'un médecin

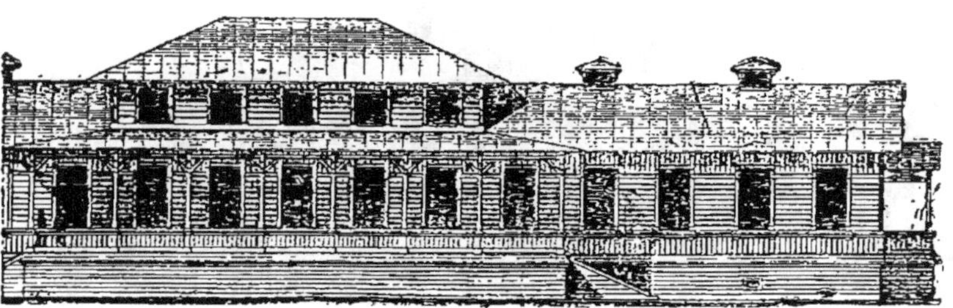

Fig. 7.

BARAQUE DES CONVALESCENTS.

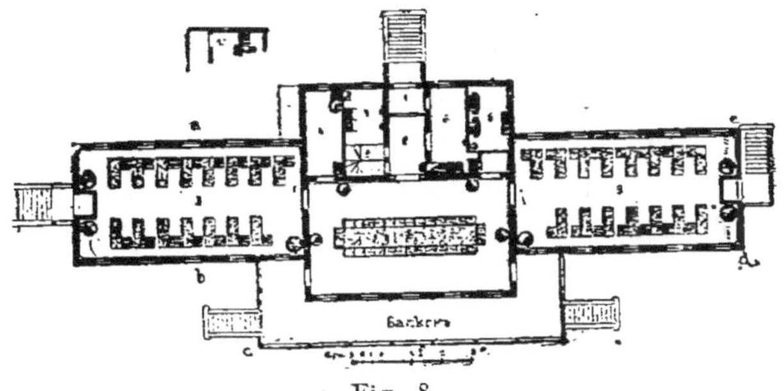

Fig. 8.

PLAN DE LA BARAQUE DES CONVALESCENTS.

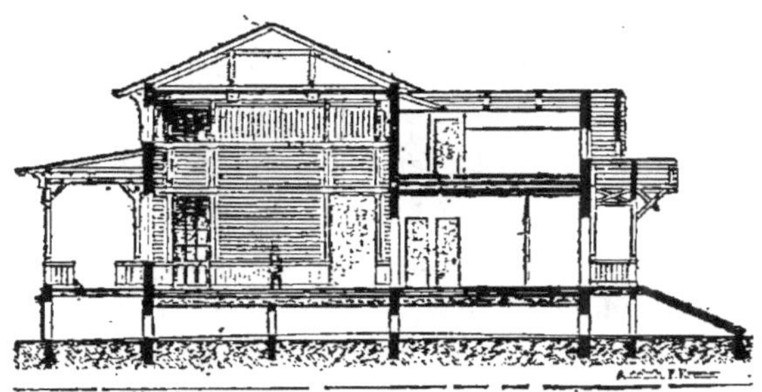

Fig. 9.

COUPE DE LA BARAQUE DES CONVALESCENTS.

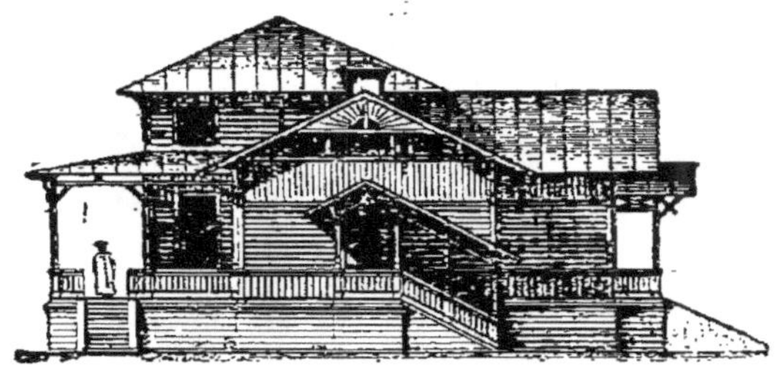

Fig. 10.

FAÇADE DE LA BARAQUE DES CONVALESCENTS.

responsable ; elle porte non-seulement sur les salles, mais encore sur les vêtements et les objets de literie. Elle est très rigoureusement obtenue à l'aide d'appareils très perfectionnés.

Cette dispersion des bâtiments ne renfermant que douze malades, si elle donne au point de vue de l'hygiène et de l isolęment les meilleurs résultats, nécessite un personnel extraordinairement nombreux et vous ne serez pas étonnés d'apprendre que pour les 250 malades traités, il faut 198 personnes.

Mais cet hôpital est un véritable modèle et il serait à souhaiter que Paris pût établir avec le legs de sa généreuse bienfaitrice, Mme Boucicaut, un hôpital analogue.

Il faut songer que nous n'avons à Paris aucun hôpital répondant à toutes les exigences de l'hygiène moderne, et, l'année prochaine, lors des grands concours qui vont avoir lieu pour le Centenaire de 1789, nous nous verrons obligés d'envoyer les personnes qui veulent voir un hôpital véritablement moderne, soit au Hâvre, soit à Montpellier. La ville de Paris est donc sur ce point très en retard sur les autres capitales de l'Europe.

Mais revenons à notre sujet et voyons maintenant comment fonctionne l'hôpital-lazaret des Dames de la Croix-Rouge. Il a un médecin directeur qui est chargé non-seulement des parties relatives à l'enseignement, mais encore de tout ce qui concerne la partie technique et médicale de cet hôpital; c'est aujourd'hui le Dr Berthenson et j'ai déjà dit le rôle important qu'il a joué dans la fondation de cet hôpital-baraque. Ce médecin en chef a sous ses ordres des médecins, des chirurgiens, des accoucheurs auxquels sont attachés des assistants, tous médecins, en nombre proportionnel à leurs besoins. Des spécialistes qui s'occupent particulièrement des maladies des yeux, de la gorge, etc., sans avoir des services, donnent cependant dans la journée des consultations dans un local spécial qui leur est réservé.

Quant à la direction matérielle, elle est placée sous les ordres d'une directrice générale qui a la surveillance de tout l'hôpital. Cette dame a sous ses ordres des surveillantes de deux genres différents : les unes appartiennent à l'Ordre de la Croix-Rouge, leurs fonctions sont absolument gratuites ; elles surveillent l'organisation des salles, la distribution des médicaments, la nourriture et peuvent pratiquer des pansements ; les autres sont des sœurs de charité, des infirmiers et des infirmières, qui sont tous rétribués. [1]

---

1. Une organisation analogue a été prévue dans les Règlements de l'*Union des Femmes de France* (art. 60).

Sous ce titre de sœurs de charité, on comprend en Russie des ordres laïques qui se composent de demoiselles ou de veuves et qui cessent leurs fonctions lorsqu'elles se marient ou se remarient.

La dépense totale par lit et par malade revient, y compris l'intérêt des frais de premier établissement, à 1,000 francs par an à peu près.

Toute cette organisation est dirigée par un Comité supérieur, placé lui-même sous les ordres de S. M. l'Impératrice. C'est ce Comité qui nomme tout le personnel de l'hôpital, reçoit les dons et récolte les sommes nécessaires au fonctionnement de l'hôpital et établit la comptabilité. Telle est l'organisation de cet hôpital-baraque, et je passe maintenant à un autre point, c'est l'école de femmes aides-chirurgiens, qui est annexée audit hôpital.

Dans les hôpitaux russes de la capitale ou de la province, à côté des médecins en chef et des assistants qui représentent nos internes des hôpitaux et sont tous médecins, il y a des infirmiers en chef, véritables aides-chirurgiens qui pratiquent les pansements. On les désigne sous le nom de *feltschers* : ils ont reçu une éducation médicale assez étendue et ont passé des examens spéciaux. Il y a des *feltschers* hommes et des *feltschers* femmes, et c'est pour répondre à ce besoin d'avoir des *feltschers* dames expérimentées que la Société de la Croix-Rouge a annexé à son hôpital-baraque une école de femmes aides-chirurgiens ; depuis sa création, cette école a fourni 75 élèves, qui sont aujourd'hui employées dans les divers hôpitaux russes. Toutes ces élèves sont externes libres, et leur instruction est complètement aux frais du Comité.

On entre à l'école depuis l'âge de 18 ans jusqu'à celui de 27. Avant d'y entrer, les élèves doivent fournir, en cas de minorité ou de mariage, une autorisation des parents ou du mari ; elles doivent aussi faire preuve d'une éducation primaire assez complète et passent, pour cela, un examen devant le Conseil de l'école. L'instruction de ces dames aides-chirurgiens dure trois ans et se divise en cours préparatoires et en cours spéciaux.

Dans le cours préparatoire on enseigne le latin, des exercices pratiques de pharmacie pour la préparation des médicaments usuels, la manière de formuler des ordonnances, la physique, quelques préceptes de chimie et l'art de soigner les malades ; ce cours dure un an. Dans la deuxième année commencent les cours spéciaux : on leur apprend l'anatomie, l'histologie, la pharmacodynamie. Dans la troisième année, on complète ces données en enseignant l'hygiène, des notions de pathologie et de thérapeutique, et on insiste surtout sur le traitement des maladies contagieuses et épidémiques, sur celui des plaies, sur les pansements et sur les maladies des femmes et des enfants.

Dès la deuxième année elles accompagnent le médecin dans les visites, pratiquent les pansements, administrent les médicaments, rédigent les observations des malades, apprennent à confectionner les tableaux graphiques qui permettent de juger par l'examen de la température la marche de la maladie, pratiquent la percussion et l'auscultation, posent des diagnostics, en un mot remplissent toutes les fonctions que nous attribuons à nos élèves externes et internes. La présence dans l'hôpital d'un service d'accouchement et de gynécologie permet de compléter tout ce qui a trait à l'obstétrique et de faire d'excellentes sages-femmes.

Comme vous le voyez, l'éducation qu'on leur donne est des plus complètes et ressemble beaucoup à celle que nous donnons à nos officiers de santé. Seulement, ces aides-chirurgiens *feltschers* hommes ou *feltschers* dames n'ont pas le droit d'exercer en dehors de l'hôpital. C'est là un point qui a une certaine importance. Telle est, en résumé, l'école des aides-chirurgiens annexée à l'hôpital des Dames de la Croix-Rouge.

Cette remarquable organisation est complétée par un asile où sont reçus les malades qui, au sortir de l'hôpital, ne peuvent trouver de quoi gagner leur vie. Cet asile renferme douze lits, sept pour les hommes et cinq pour les femmes. Cet asile a reçu en cinq ans 888 malades.

J'avais été frappé de cette remarquable organisation, du fonctionnement parfait de cet hôpital, de cette instruction étendue donnée à ces aides-chirurgiens, tout cela m'avait vivement impressionné, et lorsque je revins à Paris, mon premier soin fut de m'informer près de votre Présidente si en France, ce pays de toutes les initiatives, nous avions quelque chose de semblable.

Sa réponse fut absolument négative et alors je me suis demandé s'il ne serait pas bon, utile, patriotique de suivre l'exemple qui nous était fourni par l'étranger, et c'est ce qui fait que je prends aujourd'hui la parole devant vous. [1]

Ne vous semble-t-il pas, comme à moi, Mesdames et Messieurs, qu'il y aurait un grand intérêt à voir l'*Union des Femmes de France* prendre en main cette création d'un établissement hospitalier modèle, où les adhérentes si nombreuses de votre Société trouveraient un vaste champ d'expériences et d'application aux leçons théoriques qui leur sont professées chaque année avec tant de zèle et de dévouement.

Vous avez tous les dons propres à faire réussir un pareil projet; vous avez la foi, le dévouement, la charité, ayez la volonté, et l'*Union des Femmes de France,* déjà si prospère, aura le grand honneur d'avoir la première attaché son nom à une fondation utile, patriotique, humanitaire. Examinons donc ensemble comment nous pourrions réaliser ce beau rêve et voyons de près les obstacles, s'il en existe, qui s'opposent à cette réalisation.

Vous possédez déjà un personnel médical qui comprend les noms les plus célèbres de la médecine et de la chirurgie. Votre zélé Secrétaire-général, M. Bouloumié, a réuni un personnel enseignant qui est tout prêt à continuer ses leçons dans l'hôpital projeté. Ainsi donc, de ce côté, aucun obstacle.

Quant au personnel hospitalier féminin, vous avez dans vos rangs un nombre innombrable de personnes qui seraient désireuses de pouvoir mettre en pratique les préceptes théoriques qui leur sont enseignées dans les conférences que l'*Union des Femmes de France* a multipliées dans les divers arrondissements de Paris.

La construction de l'hôpital serait facile. Nous pourrions, en le modifiant, adopter ce système de baraques que je viens de vous décrire. On perfectionnerait celles déjà construites par l'assistance publique et qui nous rendent de bons services, tout en étant très imparfaites.

---

1. Cette organisation avec création d'un hôpital de l'*Union des Femmes de France* a été proposée dès la deuxième année de fonctionnement de la Société et plusieurs fois réclamée depuis par son Secrétaire général, le docteur Bouloumié.

Je proposerais surtout comme modèles ces baraques doubles qui servent aux malades convalescents de l'hôpital Alexandre et où deux salles de quinze lits (voir fig. 8) chacune viennent déboucher dans une salle commune où les malades prennent leurs repas. Une véranda attenant à cette salle commune permet aussi de séjourner au dehors, même pendant la pluie.[1] Il est bien entendu qu'il faudrait commencer modestement et je crois qu'au début trente à quarante lits seraient très suffisants.

Des consultations très nombreuses portant outre la médecine et la chirurgie sur des branches spéciales telles que la laryngologie, l'ophtalmologie, l'otologie, viendraient compléter cet hôpital et permettraient aux personnes qui les suivraient de compléter leur instruction pratique. J'arrive maintenant à la question la plus délicate, c'est la question d'argent.

D'abord établissons *grosso modo* le prix de revient d'un lit à cet hôpital. Dans de longues conversations que j'ai eues avec divers architectes auxquels j'ai soumis les plans, il résulte que le prix de revient d'un hôpital-baraque (services généraux compris), reviendrait à 2,000 fr. par lit. Ajoutons à cette dépense, les frais d'entretien d'un malade à l'hôpital.

Si nous nous rapportons au chiffre de l'Assistance publique, le prix de revient d'une journée par malade (frais généraux compris) doit être évalué à 3 fr., si donc nous prenions ces chiffres comme base, nous aurions pour un hôpital de trente lits une dépense que l'on peut évaluer pour la construction de l'hôpital à 60,000 fr. et pour l'entretien de ces trente malades à 33,000 francs.

A la somme du premier entretien, il faudrait joindre l'acquisition du terrain ; on choisirait un quartier où le mètre de terrain est d'un prix peu considérable et je suis persuadé qu'il existe encore de ces quartiers où pour la somme de 40,000 francs on trouverait une étendue suffisante pour établir cet hôpital-baraque.

Ainsi donc, pour une somme de 100,000 francs, cet hôpital pourrait être construit et installé et il suffirait de 33,000 francs

---

1. L'*Union des Femmes de France* vient d'entrer dans cette voie et de s'acheminer vers cette organisation en décidant qu'au lieu de faire une baraque quelconque pour l'exposition, elle fera un pavillon-hôpital qui sera conservé pour le mettre un jour en service (modèle sensiblement le même que celui des pavillons d'isolement adoptés pour l'hôpital des enfants).

pour le faire fonctionner. Ces sommes sont-elles tellement élevées qu'on ne puisse les réunir ? Ce serait douter de la générosité et de l'initiative de notre pays si on ne pouvait les réunir pour une pareille tentative.

On pourrait demander au gouvernement de vouloir autoriser l'*Union des Femmes de France* d'émettre ces bons qui ont eu déjà tant de succès pour remédier aux récents désastres dont l'Algérie a été le théâtre et qui, sous le nom de Bons de la Presse, ont fourni des sommes si considérables. [1]

On pourrait aussi stimuler le zèle de chacun en permettant de fonder des lits portant le nom du donateur et à l'exemple des Sociétés charitables, on pourrait, pour une somme de 500 francs, par exemple, fonder un lit au futur hôpital des *Femmes de France*. On pourrait enfin réclamer à ces grands magasins dont vous toutes, mesdames, vous faites la fortune et la richesse, de faire des souscriptions qui permettraient à ces établissements de placer dans cet hôpital leur personnel malade.

Vous me direz que tout cela est un rêve, que tout cela ne repose sur rien de positif, que nous n'en sommes encore qu'aux périodes de projet ; il n'en est rien heureusement, mesdames et messieurs, et l'hôpital de l'*Union des Femmes de France* est déjà commencé.

Votre Comité d'administration, dans un élan de généreuse et patriotique aspiration, vient de voter, en effet, 25,000 francs, qui doivent servir à la construction d'un pavillon d'isolement destiné à l'Exposition universelle qui va s'ouvrir. Ce bâtiment sera repris après l'Exposition et servira de base à l'hôpital dont je viens de parler.

Il vous suffira alors de continuer l'œuvre commencée, et je suis persuadé que votre ingénieuse charité trouvera moyen d'arriver au but que je vous propose et alors, lorsque cet hôpital sera construit, lorsque les services y seront réglés et organisés, lorsque les dames hospitalières, comme le disait dans une récente

---

1. Des bons de ce genre ont été émis en Autriche, en Hongrie, en Italie, dans les Pays-Bas, au profit des Sociétés de la Croix-Rouge, sous le haut patronage des souverains. Le Secrétaire général de l'*Union des Femmes de France* a soumis un projet de bons de la Croix-Rouge Française au Comité de direction, qui a pris ce projet en considération et l'a mis à l'étude.

conférence faite ici même par notre confrère Mary Durand, auront
puisé dans cet hôpital l'enseignement pratique qui leur est nécessaire, [1] l'*Union des Femmes de France* se tournera vers cette
nation qui a pour nous tant de sympathie et d'affection et
pourra dire, en serrant les mains amies, que lui tendent les
Dames russes de la Croix-Rouge : Viennent les jours sombres
et malheureux, comme vous, nous sommes prêtes !

Et, comme il faut une conclusion précise, nette et pratique à
cette conférence que vous avez écoutée avec tant de bien-
veillance, permettez-moi d'avoir l'honneur de m'inscrire pour la
fondation du premier lit du futur hôpital de l'*Union des Femmes
de France*.[2]

---

1. Au point de vue de l'instruction pratique, l'*Union des Femmes de France*
possède déjà le stage dans les hôpitaux que font les élèves munies du certificat
d'études, pendant six à douze mois, entre le 1er et le 2e examen après lequel seulement
le diplôme d'infirmière-ambulancière leur est délivré.

2. A la suite de la conférence de M. le docteur Dujardin-Beaumetz, sept membres
de l'*Union*, suivant son généreux exemple, ont bien voulu s'inscrire pour la fondation d'un lit dans le nouvel hôpital à fonder dans l'avenir.

Issoudun. — Typographie A. GAIGNAULT.